Libro De Cocina BBQ

Conviértase En Un Maestro De La Barbacoa, Las Mejores Recetas, Todos Los Consejos Para Impresionar A Sus Invitados

Garland Hegde

STEAK

CERDO

Codillo de cerdo

2 jarretes enteros, vinagre de sidra de manzana, 2l de agua, 40g de sal, 30ml de miel, 150ml de vinagre blanco, enebro de limón, canela, sal, epe, ajo.

Preparación:

empezamos a preparar la salmuera, hervimos el agua con la sal la miel el vinagre 2 hojas de entonces bayas de enebro la cáscara de 2 limones y la canela. Retirar el exceso de grasa de los jarretes. Una vez que la salmuera se haya enfriado, guardarla en la nevera durante 12-24 horas. Ahora cree el Rub, combine y mezcle bien el ajo picado con la sal y la pimienta. Introduzca los dos jarretes en la salmuera y déjelos macerar durante 12 horas, al cabo de las cuales deberá pasarlos por el Rub que ya ha extendido en una superficie de trabajo; para obtener un buen resultado, haga que el Rub se adhiera a toda la superficie de los jarretes. La cocción tendrá lugar durante muchas horas, por lo que utilizaremos la configuración para la cocción indirecta alrededor de 120 - 130° Para la primera hora de cocción, tendrá que ahumar los dos jarretes, cuando

cuando lleguen a 50° en el centro, puede envolverlos en papel de aluminio junto con 1 vaso de cerveza de doble malta y dejarlos cocer hasta que alcancen los 100° en el hueso. A continuación, saque los jarretes del papel de aluminio y engráselos rápidamente, póngalos de nuevo en la parrilla, sobre el carbón, y déjelos cocer durante 5/6 minutos. Deje reposar la carne como de costumbre durante 10 minutos antes de servirla.

Albóndigas a la parrilla

Ingredientes:

albóndigas, (carne picada de ternera y cerdo, huevos salados con pimienta) preparar albóndigas muy normales - tocino en rodajas - salsa bbq - mezcla de especias.

Preparación:

Crea tus albóndigas, a mí me gusta mezclar carne de ternera y de cerdo, añadir huevos un poco de pan rallado, a menudo también añado queso en cubos, que no recomiendo para esta receta (hay un riesgo real de tener que limpiar la parrilla de queso derretido durante horas) - de cualquier manera, cuando tus albóndigas estén listas y ordenadas en una fila como un ejército listo para luchar, espolvoréalas con tu mezcla de especias, mucha cantidad, déjalas reposar un par de horas bajo un paño de algodón, (está bien en la nevera, no más de 1 hora) - ahora que las albóndigas están bien y sabrosas, envuelve una capa de tocino en cada albóndiga y ciérrala
con un palillo. - encender la barbacoa, tenemos que cocinar a unos 100 °, por lo que una temperatura baja y la cocción indirecta. Cuando el centro de las albóndigas alcance los 55°, úntelas con salsa bbq y déjelas cocinar hasta que alcancen los 70° en su interior. Sírvelo bien caliente.

Anillos de cebolla

Ingredientes:

cebollas blancas - salsa bbq - rebanadas de tocino

preparación:

pelar las cebollas y cortarlas en rodajas de al menos un par de centímetros de grosor - ahora verter la salsa bbq en un bol pequeño - mojar los aros de uno en uno en la salsa y empezar a envolver las lonchas de bacon alrededor de la circunferencia del aro - encender la bbq a 210° y dejar los aros hasta que el bacon haya alcanzado su máximo esplendor - entonces cepillar los aros con un poco de salsa bbq y dejar que se caramelicen durante unos minutos más.

Solomillo de cerdo con bacon

Lomo entero, bacon al menos 25 lonchas, salsa bbq, pimentón, azúcar, pepenero, sal, mostaza pulverizada, pimienta rosa y blanca.

Preparación:

para el Rub único: pimentón, azúcar, pepenero, sal, mostaza pulverizada, pimienta rosa y blanca - limpiamos el lomo de todo el exceso de grasa y lo dejamos fuera de la nevera - colocamos una hoja de papel de aluminio sobre la mesa y entrelazamos las lonchas de bacon para conseguir un efecto de cuadrados intercalados - volvemos a coger el lomo y lo rociamos con aceite y lo pasamos por el Rub - lo colocamos entonces en el centro de nuestras lonchas de bacon y, con la ayuda de la película, envuélvalo en el tocino - crear una configuración en la barbacoa de ahumado indirecto, 180 ° sobre - no se apresure, que tomará un par de horas, pero cuando el corazón del filete ha llegado a 60 °, cepillo con la salsa de barbacoa y esperar hasta que llegue a 70 ° - dejar reposar durante 5-10 minutos la carne lejos del fuego y servir.

Roulades a la parrilla

10 rebanadas de capocollo, 10 rebanadas de tocino, 10 rebanadas delgadas de queso caciocavallo, ajo, perejil, sal y pimienta

abrir y batir las lonchas de capocollo - colocar el bacon encima - añadir el queso caciocavallo y el perejil picado sal y pimienta - en este punto enrollar como un clásico roulade y parar con un stzzicandenti - cocinar a temperatura indirecta baja hasta que la carne esté bien dorada - servir muy caliente.

Chuletas de barbacoa

4 chuletas de cerdo con hueso cortadas gruesas (al menos 3-4 cm), 50 ml de aceite de oliva, azúcar moreno, salsa de soja, mostaza de Dijon, mostaza en grano, la ralladura de 1 limón, 1 diente de ajo, perejil picado, tomillo, sal, pimienta

Preparación:

para cocinar las chuletas perfectamente sigue cuidadosamente lo que te voy a decir - combina todas las especias que encuentres entre los ingredientes con aceite de oliva y ponlas en un bol - añade las chuletas y mezcla bien hasta que las chuletas estén completamente cubiertas - cubre con papel de aluminio y deja reposar al menos 10 horas en la nevera - enciende la barbacoa necesitaremos 190 grados, deje una parte de la parrilla para la cocción indirecta - luego introduzca y cocine directamente las chuletas 3 minutos por lado con tapa - luego páselas a la cocción indirecta y espere hasta que alcance los 70 grados en el corazón - siempre deje reposar al menos 5-10 minutos antes de servir.

Bacon Bbq

4 lonchas gruesas de panceta de cerdo, salsa barbacoa, sal, perejil picado

salar las lonchas de cerdo - en un bol poner la salsa bbq y ahogar las lonchas de cerdo en ella cubrir con papel de aluminio y refrigerar durante 5 horas (esto también se puede hacer con una bolsa de vacío) - en la bbq prepararla para la cocción indirecta a baja temperatura 120° aprox - dejar que las lonchas de carne se ahumen durante un par de horas, asegurándose de que la temperatura se mantiene constante - cuando el corazón de la carne haya alcanzado una temperatura de 70°, ponga el tocino a fuego directo y deje que se cocine durante poco tiempo, añada perejil picado y sirva inmediatamente.

Lomo Bbq

1 lomo de cerdo entero, azúcar moreno, pimentón, pimienta, chile en polvo, ajo en polvo, cebolla en polvo sal, aceite, tomillo, romero, salvia, orégano, ajo.

Preparación:

inmediatamente prepare el Rub combinando y mezclando el azúcar moreno, el pimentón, la pimienta, el chile, el ajo en polvo, la cebolla en polvo la sal - también prepare la mezcla de hierbas frescas con aceite, tomillo, romero, salvia, orégano, ajo - quite la grasa al lomo de cerdo y córtelo por ambos lados para crear formas de diamante - luego pincélelo con aceite de oliva y rocíelo con el Rub - después de dejarlo reposar unos minutos rocíe toda la superficie del lomo con las hierbas frescas picadas - ahora deje reposar la carne durante 4 - 5 horas en la nevera - la barbacoa debe tener una zona de cocción indirecta, 100° será suficiente - durante la primera hora y media de cocción cocine la carne indirectamente, cuando alcance 66° internos, pásela unos minutos a fuego directo para crear una buena corteza.

Tocino canadiense

Un lomo de cerdo entero, 4 lt de agua, 220 g de azúcar moreno, 200 g de azúcar blanco, Sal, 100 ml de jarabe de arce, 3 dientes de ajo hojas de salvia

Procedimiento:

Preparar la salmuera inmediatamente, olla con 4 litros de agua con el interior 220 g de azúcar moreno, 200 g de azúcar blanco, Sal, 100 ml de jarabe de arce, 3 dientes de ajo hojas de salvia - por separado limpiar el lomo de cerdo y prepararlo para la cocción - encontrar un recipiente con una tapa hermética y sumergir el lomo de cerdo en salmuera, cerrar y dejar 2-3 días en el refrigerador - después de este tiempo, sacar el lomo de la salmuera y sumergirlo en agua fría para enjuagarlo - dejarlo reposar otras 12-24 horas en la nevera - finalmente encender la barbacoa, a 110° de cocción indirecta, durante al menos 2 horas o hasta que el centro alcance los 72° - dejar enfriar y reposar unos minutos la carne y cortarla en lonchas y luego servir el bacon canadiense.

Tocino crujiente a la barbacoa

1kg de bacon en una pieza, 50g de mantequilla, 1 vaso de whisky, miel, aliño al gusto, salsa bbq

Preparación:

Limpiar el tocino de la corteza y del exceso de grasa - hacer un cubo de tocino de 4-5 cm por lado de la pieza entera - en un bol, poner los cubos y enterrarlos con Rub - colocarlos en una bandeja de goteo - encender la bbq 130° y colocar la bandeja de goteo con los cubos para cocinar indirectamente durante al menos 2 horas - una vez pasado este tiempo, añadir la salsa bbq y dejar caramelizar siempre en la parrilla indirecta, durante otros 40 minutos.

vacuno

Espinacas con carne

Espinacas, sal, pimentón, curry, pimienta negra, cebolla en polvo, ajo en polvo, chile.

Preparación:

Puntee la grasa de las espinacas con un cuchillo - ponga la barbacoa a 130°, previendo una zona de cocción indirecta - añada las especias y cubra las espinacas - introduzca la carnaza de cocción directa en la barbacoa, por el lado magro, la grasa estará hacia arriba - dejar cocer tapado hasta que el interior alcance los 55° - en este momento aumentar mucho la temperatura, abrir todas las válvulas - dar la vuelta a la carne para que se cocine directamente por todos los lados - cuando alcance los 58° retirar del fuego y dejar reposar 10 minutos - afetar y servir.

Brisket

5kg de pechuga, sal. Pimienta, salsa bbq, panes de hamburguesa

limpiar y preparar la carne para cocinarla, eliminar el exceso de grasa - añadir sal y pimienta y luego espolvorear la carne con la mezcla - poner la falda en el refrigerador - vamos a necesitar una temperatura baja pero constante y vamos a cocinar nuestra carne indirectamente alrededor de 110 ° - dejar que la carne se cocine durante 4 horas o hasta que la temperatura interna no llegará a 60-65 ° - retirar la carne y envolverla en papel de aluminio. 65 ° - sacar la carne y envolverla en papel de aluminio - poner la carne en el centro de la parrilla y esperar hasta que alcance la temperatura de 90 ° en el interior - dejar reposar la carne envuelta en aluminio durante 4-5 horas - servir con salsa bbq dentro de los bollos hambueger.

Picanha

1 kg de Picanha, sal, romero, tomillo, pimienta, ajo

limpiar la carne del exceso de grasa, guardar la grasa en una olla pequeña que dejaremos derretir con todas las especias picadas - cortar la carne en rodajas de 4cm de grosor - cocinar la carne indirectamente y pincelar con la grasa especiada - cuando el corazón de la carne alcance los 53° la carena estará lista para servir.

Diafragma a la parrilla

1 diafragma de carne de vacuno

Preparación:
retire la grasa de la carne - sazone la carne con aceite, sal y pimienta y colóquela en la barbacoa para que se cocine directamente - déle la vuelta a la carne a menudo y no la cubra - esta carne debe servirse como máximo a media cocción, si la cocina en exceso, resultará empastada - cuando alcance los 55° como máximo, retírela de la barbacoa y sírvala inmediatamente.

Filete en corteza de champiñones

Ingredientes:

2 kg de filete, 150 g de champiñones secos, mostaza, chalotas, zanahorias, caldo de carne, vino tinto, mantequilla, sal y pimienta

Preparación:

freír las zanahorias y la chalota picadas con una cucharada de aceite, desglasar con el vino, añadir las setas y el caldo de carne y cocinar durante 20 minutos - el filete se cocinará indirectamente a 180° - pincelar todo el filete con mostaza y luego pasarlo por las setas para crear la costra - cocinar hasta que el filete alcance una temperatura interna de 56°, dejar reposar 10 minutos y servir

Bavette de ternera

120 ml de aceite de oliva virgen extra, 60 ml de vinagre balsámico, 60 g de azúcar moreno, salsa worchestershire, sal, pimienta , ajo, guindilla, romero fresco

Preparación:

crear una salmuera con 120 ml de aceite de oliva virgen extra, 60 ml de vinagre balsámico, 60 g de azúcar moreno, salsa worchestershire, sal, pimienta , ajo, guindilla, romero fresco - colocar la bavetta de ternera en una fuente y cubrirla con la salmuera, cerrarla con papel de aluminio y dejarla al menos 10 horas en la nevera - encender la barbacoa necesitaremos mucho calor, 270° aproximadamente - añadir la carne en cocción directa y dejarla cocer 5 minutos por cada lado - no sobrepasar la temperatura de 56° en el interior - luego dejar reposar la carne en una tabla de cortar al menos 10-15 minutos y luego cortarla en rodajas 0. ¡5cm y servir!

Cuadrilátero ahumado con especias

Ingredientes:

3kg de cuadril, pimienta, ajo, jengibre, chile, sal gruesa, azúcar moreno, mantequilla, vino dulce

Procedimiento:

combinamos la sal, el azúcar, la guindilla y la pimienta asada en una sartén, pelamos el jengibre y lo machacamos en el mortero - añadimos el jengibre al resto de la mezcla - derretimos la mantequilla y la añadimos removiendo toda la mezcla - cubrimos la carne con la mezcla y la dejamos reposar - cocinaremos la carne indirectamente a unos 150° - cuando el interior de la carne alcance los 57° estaremos listos para dejarla reposar 10 minutos y servirla.

Asado con hierbas y mostaza

Filete de ternera de al menos 2 kg, mostaza, tomillo, romero, ajo, finochietto, sal

Procedimiento:

crear una mezcla picada de todas las hierbas y mezclarlas con sal - preparar el filete masajeándolo con los dedos apenas engrasados con aceite de oliva - cepillar el filete con un velo de mostaza - a continuación, espolvorear toda la superficie del filete con todas las hierbas picadas anteriormente y dejar reposar epr al menos un par de horas en la nevera - vamos a cocinar nuestro filete a una temperatura enérgica de 180 ° aproximadamente de forma indirecta - dejar que la carne se cocine durante aproximadamente una hora cubierta - cuando el centro habrá alcanzado 55 °, estará listo, 10 minutos de reposo y se puede servir.

Costillas de ternera al estilo texano

2kg de costillas (todas unidas), salsa worchester, pimienta, sal, ajo y pimentón

limpiar las costillas, eliminando la capa de grasa en la parte posterior de la pieza - rociar la carne con salsa worchester en todos los lados y también todas las especias - dejar de lado 30-40 minutos - encender la barbacoa - tendremos que cocinar la carne durante unas 8 horas, entonces tendremos que mantener la temperatura a 120 ° sobre - la idea es no abrir nunca la tapa durante al menos 7 horas, la carne debe tener dentro de una temperatura de 91 ° - llegó a esta temperatura, tendremos que descansar durante 40 minutos y luego dividirlos en costillas individuales.

Chili al Bbq

1 kg de carne de vacuno picada, 30 ml de aceite de oliva, 2 cebollas blancas, 2 guindillas rojas, 2 dientes de ajo finamente picados, comino en polvo, pimentón ahumado, guindilla en polvo, orégano seco, 500 g de judías rojas, 500 g de pulpa de tomate, azúcar moreno, 2 latas de Guinness, ½ litro de caldo de carne, sal fina, pimienta molida, salsa Worchestershire

Preparación:

en una olla de barbacoa colocada en la parrilla bien caliente, introducimos la cebolla picada con 2 cucharadas de aceite - añadimos el ajo y luego la carne - añadimos el comino el pimentón el orégano la guindilla y la vuelta - introducimos las judías rojas - luego el tomate la cerveza el azúcar y el caldo y la salsa whorcheser - dejamos cocer durante 55 minutos con la tapa puesta y servimos con crema agria y cheddar rallado.

cordero

Costillar de cordero

Lomo, pistachos picados, aceite, 220 g de yogur blanco, limón, ajo, menta, sal y pimienta

Preparación:

rociamos con aceite el lomo, y luego lo enrollamos en pistachos picados - repetimos la operación hasta que toda la superficie esté cubierta de pistachos - vamos a cocinarlo obviamente de forma indirecta a 150º aproximadamente - mientras se cocina tomamos el yogur con ajo zumo de limón menta sal y pimienta y lo dejamos reposar en la nevera - cuando el corazón de la carne esté a 65º, lo dejamos reposar fuera del fuego durante un cuarto de hora y luego lo cortamos siguiendo los huesos - ¡servir con la salsa que hemos preparado!

Cordero a la mostaza

Ingrediente:

2kg de pierna de cordero, mostaza, aceite, ajo, tomillo, patatas, pimentón, romero, pimienta

Preparación:

sazonar la pierna con sal y epep - mezclar bien todas las especias con aceite - marinar las patatas cortadas en dados - cocinaremos nuestra pierna de forma directa a 250° - cuando el corazón de la carne haya alcanzado los 65° dará casi por listo, habrán pasado al menos 70 minutos - pincelar con la marinada varias veces - dejar reposar 15 minutos y servir caliente con las patatas.

Chuletas de cordero a la barbacoa

Costillas, lima, sal, aceite, ajo, sal gruesa, cilantro, comino, jengibre, pimienta negra, mostaza

Preparación:

Combinar lima, sal, aceite, ajo, sal gruesa, cilantro, comino, jengibre, pimienta negra, mostaza - sumergir todas las costillas en la marinada y cerrar con papel de aluminio dejar reposar por lo menos 3-4 horas - encender la barbacoa, la cocción será directa a la temperatura 200-260° - introducir las costillas y cerrar la barbacoa - estarán cocidas cuando alcancen la temperatura interna de 65 -70° - dejar reposar unos minutos y servir.

Costillas con romero y patatas

Costillas, patatas nuevas, ajo, sal, romero, tomillo, pimienta

picar el ajo y las especias y combinarlos - cortar las patatas nuevas en dados y utilizar la mitad de la mezcla de especias para sazonarlas - sazonar las costillas con el resto de la mezcla de especias - utilizando una olla de hierro fundido, cocinar las patatas a fuego alto con una tapa, cuando estén cocidas, retirarlas de la barbacoa y poner las costillas a fuego directo durante 8-10 minutos continuando para darles la vuelta - servir bien caliente.

Lomo con calabaza agridulce

1 lomo entero, tocino ahumado, mostaza, hierbas secas, calabaza, ajo, vinagre de vino, aceite, sal

Preparación:

atar el lomo entero con las lonchas de tocino - atar el tipo de asado con un cordel - pincelar con mostaza y cubrir con las hierbas secas - poner el lomo en la barbacoa a fuego indirecto 150ç aproximadamente - cuando el corazón de la carne haya alcanzado los 52° pincelar más mostaza y dejar que tome color a fuego directo durante 5 minutos - calentar el puré de calabaza en una sartén y servir las chuletas partidas con la calabaza

Pierna de cordero a la barbacoa

Ingrediente:

Pierna de cordero, ajo, tomillo, ralladura de limón, mostaza, aceite, sal y pimienta

Preparación:

preparar la pierna retirando el exceso de grasa y reservar - preparar una mezcla de ajo picado, tomillo, ralladura de limón, mostaza, aceite, sal y pimienta - encender la barbacoa 190 - 200° - salpimentar la pierna por ambos lados y colocarla en la barbacoa - pincelar el batturo sobre la pierna mientras se cocina - cuando el interior alcance los 65°, retirar el cordero y dejar reposar 15 minutos y servir.

Costillas a la barbacoa con vinagre balsámico

Ingredientes:

Una docena de chuletas de cordero, vinagre balsámico, miel, mostaza, ajo picado, romero, orégano, aceite de oliva, sal y pimienta

Preparación:

Combine el vinagre balsámico y la miel, el aceite, la mostaza, el orégano, la pimienta y el romero. Sumerja las costillas en la marinada y déjelas reposar tapadas durante tres horas. Las costillas se cocinarán directamente en el fuego, 3 minutos por lado.

Cordero en la pecera

Cordero 1kg, hojas de laurel, aceitunas negras, cebolla, apio, zanahoria, romero, agua, sal, aceite.

Preparación:

vamos a cocinar nuestra carne directamente en el fuego a través de una olla de hierro fundido - en la olla introducimos el aceite, el apio, la cebolla y lacarota cortada en cubos - introducimos todas las hierbas - introducimos todo el cordero, cortado en trozos grandes - sfumiamo con vino tinto y tapamos - cocinamos a 170 ° - después de un par de horas, debe ser cocinado perfectamente - servir inmediatamente

Pinchos de cordero Bbq

Ingrediente:

Pierna sa 1kg, tomates cherry, vino tinto, cebolla, salvia, ajo, orégano, sal, pimienta

Preparación:

Cortamos el pavo en cubos - preparamos la marinada, combinamos todos los ingredientes y los mezclamos bien, empapamos los cubos de cordero y los cubrimos con papel de aluminio y los dejamos reposar 10 horas - montamos las brochetas en palillos largos insertando el cordero y un tomate cherry un cordero un tomate cherry etc - encendemos la barbacoa, cocinaremos directamente a 250° 5 minutos por lado - servimos inmediatamente

Angello On The Spit

Medio cordero, 200 ml de zumo de limón, la
ralladura de 1 limón, 200 ml de agua, 50 ml de
aceite de evo, ajo, orégano seco, laurel, tomillo,
sal, pimienta recién molida

Preparación:

Calienta el agua en una olla al fuego y añade el
zumo de limón, la ralladura, el agua, el ajo
exprimido, el orégano, el laurel, el tomillo, la sal
y la pimienta. Remover bien y con frecuencia y
antes de que llegue a hervir apagar el fuego y
dejar enfriar - pincelar el adobo por todo el
cordero y dejarlo en la nevera un par de horas -
preparar la barbacoa para cocinar indirectamente
a 155° - el asador debe estar a 25-30 cm de
distancia de las brasas - colocar el asador en la
barbacoa y cerrarla - de vez en cuando pincelar
con el adobo - una vez que la temperatura haya
alcanzado los 60° en el interior, el cordero estará
listo - dejarlo reposar al menos 10 minutos y
servir.

Pollo

Pollo a la cerveza

Ingrediente:

1 pollo, 250 cl de cerveza, su aliño favorito, cebolla, mostaza, pimentón, sal, cilantro, comino, pimienta

Preparación:

Limpiar el pollo, eviscerarlo y cortarle el cuello y las patas, pasarlo por encima de una estufa encendida para quemar los restos de plumas - engrasar con aceite tanto por dentro como por fuera y cubrirlo con el Rub - en una piedrita de metal, apta para soportar altas temperaturas, verter la cerveza que se colocará dentro del pollo - el pollo se colocará en la parrilla, lejos de la fuente de calor durante unos 90 minutos - cuando se vaya a mover, tener cuidado de no quemarse con la cerveza, que estará caliente. Dejar reposar la carne durante 10 minutos antes de servirla

Piernas ahumadas en salsa barbacoa

Ingrediente:

Cosas de pollo, pimentón, sal gruesa, ajo seco, pimienta, salsa bbq, ketchup, vinagre de sidra de manzana, azúcar moreno, dijon, chile

Preparación:

combine el pimentón, la sal gruesa, el ajo seco, la pimienta, la salsa barbacoa, el ketchup, el vinagre de sidra de manzana, el azúcar moreno y el dijon en un bol, pimienta - sumerja los muslos en ella - encienda la barbacoa a 200° - los muslos se cocinarán directamente en el fuego por el lado de la piel durante 15 - 20 minutos - luego páselos a fuego indirecto y añada las astillas para ahumar (se pueden remojar durante 30 minutos en agua o en alcohol de su elección) - durante otros 35 minutos el pollo se ahumará - dé vuelta a los muslos regularmente y pincélelos con la salsa barbacoa - cuando estén bien dorados y caramelizados, déjelos reposar 5 minutos y sírvalos.

Pollo Diavola

Un pollo entero, Sal pimienta, perejil, zumo de limón, mayonesa, mostaza, orégano, aceite de estragón y caldo de pollo

Procedimiento:

Prepare el pollo cortando el esternón y aplanándolo - con las especias cree un glaseado que reservará - encienda la barbacoa a 200° coloque una sartén adecuada debajo de la parrilla, junto a la fuente de calor - coloque el pollo en la parrilla en la sartén, luego en la cocción indirecta - déjelo cocinar durante 45 minutos o hasta que el pollo alcance una temperatura interna de 80° - luego pinte todo el pollo con el glaseado y déjelo los últimos 15 minutos a fuego directo, ¡con cuidado de no quemarlo!

Pollo en salsa blanca

Ingredientes:

Rodajas de pollo, sal, pimienta, mayonesa, vinagre de vino, rábano picante, zumo de limón,

Preparación:

Crear una salsa de banco con mayonesa vinagre zumo de limón sal pimienta y rábano picante - engrasar las rebanadas sal y pimienta - cocinar el pollo a 160° indirectamente - cuando las rebanadas están a 72° en el interior, cepillar con la salsa blanca 4 - 5 veces - cuando el pollo llega a 80° está listo para ser servido.

Escalope de pollo

Escalope de pechuga de pollo, cebolla, ajo, sal pimienta y guindilla

Preparación:

Prepare una cantidad generosa de cebolla picada, sal de ajo y guindilla - coloque las pechugas de pollo, engráselas y sazónelas con pimienta negra - empane las pechugas de pollo con el condimento - cocínelas en la barbacoa directamente durante unos 10 minutos - ¡sírvalas calientes inmediatamente!

Pollo con cítricos

1 pollo por comensal, zumo de naranja, miel, mostaza, aceite sal y pimienta

Preparación:

Cortar los pollos en 2, sazonar con sal y pimienta y reservar - mezclar el zumo de naranja, la miel, el aceite y la sal - cocinar los pollos indirectamente a 130° - después de 30 minutos los pollos deben estar a unos 70-75° cuando alcancen esta temperatura, empezar a pincelar los pollos con la salsa de cítricos - cuando alcancen los 83° estarán listos - servir después de dejarlos reposar al menos 5 minutos.

Pollo al limón

Ingredientes:

Pollo entero, aceite, sal, pimienta, cáscara de limón, zumo de limón, romero, ajo, 1 vaso de cerveza.

Preparación:

Coloque la cabeza de ajo en una hoja grande de papel de aluminio y rocíe aceite de oliva sobre los dientes. Doblar y cerrar los lados del papel de aluminio para formar una cesta, dejando un pequeño agujero - Hornear indirectamente a 180°, con la tapa cerrada, durante 30-45 minutos, hasta que los clavos estén marchitos. - Secar el pollo con una toalla de papel. Utiliza los dedos para separar la piel de la carne de la pechuga de pollo para dejar espacio a la mezcla. Extender la mitad de la mezcla bajo la piel de la pechuga de pollo hasta que la carne quede cubierta. Salpimentar la cavidad interior del pollo. - Vierta 50 ml de cerveza pálida con dos cucharadas de zumo de limón y una cucharada de agujas de romero en el vaso del portapollos. - Cubrir el exterior del pollo con la otra mitad de la mezcla, frotándola firmemente en la piel.

Cocer el pollo indirectamente durante aproximadamente 1 ¾ horas a 180° con la tapa cerrada el mayor tiempo posible. La cocción indirecta, en este caso, sería preferible colocando el pollo entre dos fuentes de calor, de cara a la pechuga y de espaldas a los quemadores encendidos o a las cestas separadoras de carbón. Si no es posible, gire el pollo 180° a mitad de la cocción. - Cubrir con papel de aluminio y dejar reposar unos 10 minutos antes de cortar. Servir caliente.

Pollo tailandés

Muslos de pollo enteros, cilantro fresco picado, aceite, cebolleta, zumo de limón, salsa de ostras, azúcar granulada, ajo picado, jengibre picado, guindilla

Preparación:

Mezclar los ingredientes de la marinada en un bol mediano - Colocar el pollo en una bolsa de plástico grande con cierre y verter la marinada - Comprimir la bolsa para que salga el aire y cerrarla bien. Dé la vuelta a la bolsa para que la marinada se distribuya de manera uniforme y colóquela en el frigorífico en un plato de servicio durante 2-4 horas. Girar la bolsa de vez en cuando - Sacar el pollo de la bolsa y desechar la marinada. Cocinar a fuego directo (180° a 230°C), dándole la vuelta a menudo y procurando que no se queme, hasta que la piel esté bien dorada - Pasar a la cocción indirecta y continuar la cocción durante otros 20-30 minutos, hasta que los jugos de la cocción sean claros y la temperatura interna alcance los 80°C - Servir caliente.

Piernas en salsa barbacoa

Ingredientes:

Muslos de pollo, salsa BBQ, pimentón dulce, sal fina, azúcar moreno, orégano, pimienta, chile en polvo, ajo, cebolla

Preparación:

Es necesario un poco de preparación para dar a los muslos de pollo la apariencia de una piruleta. Sujetar la pierna por el hueso y retirar la piel, tirando de ella. Utiliza un cuchillo para cortar los nervios alrededor del hueso. Cortar la piel y la articulación con unas tijeras o un cuchillo. Ahora empuja la carne de pollo hacia arriba para que las patas tengan el aspecto de una piruleta redonda. Retirar los restos de carne del hueso con un paño - Mezclar los ingredientes de la especia y pasar las patas por la mezcla - Preparar la parrilla para cocinar a fuego indirecto - aprox. 160-180 °C. - Coloque el soporte para pinchos en la parrilla. Utiliza pinchos y luego coloca las "piruletas" de pollo en la parrilla con la carne hacia arriba o utiliza los muslos de pollo como soporte de cocción.
Cerrar la tapa y asar durante unos 15 minutos. - Unte las piruletas con salsa barbacoa y continúe asando bajo la tapa durante otros 15 minutos. Repítalo dos veces: estarán listos cuando hayan alcanzado una temperatura interna de 75-85 °C. Tendrán un bonito color rojizo gracias a la salsa barbacoa.

Pinchos de pollo

1 pollo entero, 2 - 2,5 kg, pechugas de pollo de corral, jengibre fresco, limón, aceite de oliva, curry

Preparación:

Pele y pique finamente el jengibre - Tome la cáscara de medio limón verde y exprímala - Desengrase y limpie las pechugas de pollo - introduzca las pechugas de pollo en palillos - cocínelas directamente durante 20 minutos y pincélelas con la salsa de limón de vez en cuando - sírvalas bien calientes

Pescado

Atún en corteza

Filete de atún, 150 gr Pistachos, Limón, Aceite de oliva, Sal y pimienta

Preparación:

Picar finamente algunos de los pistachos en la batidora En un bol combinar los pistachos picados con el aceite, el zumo de limón, añadir un poco de sal y pimienta. - Marinar el atún durante 15 minutos, dándole la vuelta por ambos lados. - Picar la otra parte de los pistachos en la batidora hasta obtener un grano no demasiado fino. - Añadir la ralladura de limón. Empanar el filete marinado en los gránulos de pistacho, por todos los lados, presionando ligeramente para que se adhiera bien - Preparar la barbacoa para fuego directo, a unos 180/200 ° C. - Coloque la bandeja de cerámica o la placa de hierro fundido en la parrilla y caliéntela - Cuando la bandeja/placa esté caliente, coloque el filete de atún en ella - Deje que se ase durante unos 3 minutos - Dele la vuelta con una espátula de parrilla
Gire con una espátula para asar el otro lado. Tenga cuidado de no quitar la corteza de pistacho.
Retirar la rodaja después de unos 3 minutos y cortar en tiras.

Salmón con pimienta a la barbacoa

Ingredientes:

Filete de salmón, pimienta mixta, sal, azúcar moreno, 1 pimiento rojo fresco, tomates maduros, pepino, piel y zumo de 1 limón, cebolleta, eneldo, aguacate, aceite de oliva, vinagre de vino tinto, Sal y pimienta

Preparación:

Mezclar todos los ingredientes de la marinada. Aplicar sobre el pescado y envolverlo en film transparente. Refrigerar durante al menos 1-2 horas, preferiblemente toda la nota - Precalentar la barbacoa a 150° C. Coloque el salmón sobre el pan de cedro previamente empapado en agua y, a continuación, coloque el pan en la barbacoa, cierre la tapa y deje ahumar durante una hora, hasta que la temperatura interna haya alcanzado los 58° C. - Mientras tanto, cuece las patatas y prepara la salsa mezclando todos los ingredientes; resérvala hasta que el pescado esté cocido - Sirve el pescado con la salsa de eneldo, las patatas cocidas, un poco de zumo de limón, sal y pimienta.

Pulpo Arrosoto

360 g de pulpo, tomate grande, aguacate, remolacha cruda, melocotón tabacchiere, coliflor entera de color, vinagre balsámico, berros, Sal, pimienta

Preparación:

Lavar, pelar y preparar los ingredientes: cortar los aguacates por la mitad, quitarles la semilla y reservarlos para cocinarlos en la plancha. Cortar los melocotones en cuartos y dejarlos marinar en el vinagre balsámico blanco durante unos 15-20 minutos. Cortar el tomate en rodajas, redondas y gruesas. Cortar la parte superior de la coliflor y cortarla en rodajas finas. Utilizar una mandolina para cortar las remolachas en tiras y dejarlas enfriar en un recipiente con agua helada (entre 2 y 10°C) junto con las hierbas para que conserven su color y textura - Preparar la barbacoa para cocinar a fuego directo (240°C) y precalentar la placa de cocción - Cuando la placa de cocción esté caliente, dorar las seis mitades del aguacate durante unos 2 minutos por cada lado.

minutos en cada lado. Reservar cuatro mitades para servir en los platos y aplastar las otras dos con un tenedor, lejos del calor, formando un guacamole crudo; Mezclar una cucharadita (5 ml) de aceite de oliva y una pizca de sal y pimienta en el guacamole - Verter un chorrito de aceite en el plato, disponer el pulpo y los tomates y asarlos durante unos 5 minutos, cuidando de que se cocinen bien por todos los lados - Para cada ración, colocar un tomate en el centro del plato (de color y redondo), añadir la mitad de un aguacate asado con guacamole y luego un trozo de pulpo, para dar volumen. Para terminar, añade las cintas de remolacha, los melocotones, los berros y los ramilletes de coliflor, coloreados y cortados en rodajas, y termina con un chorrito de aceite de oliva, al gusto.

Ravioles de camarones a la barbacoa

Ingredientes:

16 hojas de masa de raviolis chinos, 16 gambas frescas, 1 zanahoria, 1/2 puerro, Carcasas de gambas, 1 litro de caldo de pescado, 2 hojas de lima o lima kaffir, 1 pata de hierba limón, Condimentos (zanahoria, puerro, cebolla, ...), 2 hojas de gelatina, 40 cl de crema agria, Sal y pimienta molida

Preparación:

Cortar la zanahoria y el puerro en dados y cocerlos en la barbacoa (unos 10 minutos) - Pelar las gambas y reservar las carcasas. Retirar los intestinos (hilo negro situado en el dorso de las gambas) - Cocer y reducir el caldo de pescado con todos los ingredientes indicados, excepto la crema agria (20 minutos) - Salpimentar las gambas y añadir un chorrito de aceite de oliva - Extender las hojas de masa de albóndigas chinas y disponer las verduras y las gambas. Cerrar las albóndigas haciendo pequeños pliegues - Recoger la reducción de caldo de crustáceos con un colador. A continuación, añadir 40 cl de crema agria.

Precalentar el grill de la barbacoa, aceitar bien y colocar los raviolis encima durante 5 o 6 minutos. Coloque los raviolis en un plato y añada la emulsión de marisco con hierba de limón (utilizando una jeringa de postre si tiene una).

Calamares Bbq

8 chipirones, 6 rebanadas de pan de molde, 2 anchoas en aceite, 1 diente de ajo, 1 ramita de perejil, 50 g de aceitunas Taggiasca sin hueso, aceite de oliva al gusto, 1 cucharada de queso parmesano, sal y pimienta al gusto, 8 palillos.

Preparación:

Limpiar los calamares, retirando el pico pero reservando los tentáculos y las aletas - Picar finamente los tentáculos y las aletas de los calamares, el ajo, el perejil, las anchoas y las aceitunas. Añadir el Parmigiano Reggiano, una pizca de sal y pimienta y mezclar con el pan rallado grueso, añadiendo un poco de aceite si es necesario - Rellenar los calamares con la mezcla obtenida y cerrarlos con un palillo - Engrasar ligeramente la superficie - Preparar la barbacoa para la cocción directa a 190 ° - Colocar la placa en la parrilla y precalentar durante unos 15 minutos - Añadir los calamares y cocinar durante unos 15 minutos - Añadir el pan rallado, una pizca de sal y pimienta y mezclar con el pan rallado.

minutos - Añadir los calamares y asar con la tapa cerrada durante unos 10 minutos, dándoles la vuelta de vez en cuando - Servir inmediatamente completando el plato con perejil fresco, pimienta recién molida y un chorrito de aceite crudo.

Lubina y tomate

4 filetes de lubina (con piel), de unos 180 g cada uno, 500 g de tomates cherry, sal y pimienta, aceite de oliva, medio vaso de vino blanco, 50 g de pesto, 1 cucharadita de chile rojo en polvo

Preparación:

Preparar la marinada: mezclar el vino blanco, el pesto y el chile rojo en polvo. Coloque los filetes de lubina en una fuente de horno y vierta la marinada sobre el pescado. Dejar reposar unos 20 minutos en el frigorífico - Cortar los tomates cherry por la mitad y aliñarlos en un bol con sal, pimienta y aceite de oliva - Preparar la parrilla para la cocción directa a 180°C y calentar la bandeja de las verduras durante unos minutos - Con una espátula, pasar los filetes de pescado directamente a la parrilla en la zona de calor indirecto, Extender los tomates cherry en la bandeja de las verduras en una sola capa - Cocinar los tomates y el pescado con la tapa cerrada durante unos 6 minutos, dando la vuelta a los tomates una o dos veces, hasta que la temperatura interna del pescado sea de 60°.

Con una espátula, mueva los filetes de pescado en la cesta a fuego directo para que la piel se dore rápidamente y adquiera un sabor tostado - Retire la cesta de la barbacoa y sirva inmediatamente.

Bacalao con los ojos vendados

4 filetes de bacalao de 180 g cada uno, 2 dientes de ajo picado, 1 g de pistilo de azafrán, 1 cucharada de café de jengibre rallado, 1 tomate maduro pelado, 4 rodajas gruesas de cebolla, ½ limón, 4 hojas grandes de plátano (tienda de comestibles asiática), 2 ramitas de cilantro fresco, Aceite de oliva, Sal y pimienta. Algunos palillos de madera para cerrar el papel de aluminio

Preparación:

Mezclar los tomates, el jengibre, el azafrán, el ajo, el limón, la sal y la pimienta - Extender los filetes de bacalao en un plato, sazonar con aceite de oliva, sal y pimienta, y verter sobre la preparación anterior. Dejar marinar 30 minutos - Preparar la barbacoa para cocinar directamente a unos 180 °C - Asar los aros de cebolla en la parrilla por ambos lados - Coger las hojas de plátano y ponerlas en la parrilla 1 minuto por cada lado para que sean más flexibles. Cortar rectángulos lo suficientemente grandes como para envolver los filetes de bacalao.

Disponga el filete de bacalao en el centro de su rectángulo, adórnelo con la marinada y coloque los aros de cebolla a la parrilla con unas cuantas hojas de cilantro encima de cada filete - Doble los lados de la hoja para que envuelva el pescado como si fuera un papel de regalo, ayúdese de palillos para mantener el papel de aluminio cerrado - Tueste el papel de aluminio hasta que las hojas estén bien doradas, aproximadamente 4-6 minutos por cada lado. Mantenga la tapa lo más cerrada posible - Abra el papel de aluminio y disfrútelo recién salido de la barbacoa, acompañado de arroz blanco.

Gambas a la barbacoa

16 gambas enteras, 1 lima, 1 guindilla, 100 ml de aceite de oliva, 1 diente de ajo, 1 limón, 24 espárragos verdes, Sal, Pimienta

Tallar con cuidado el lomo de los langostinos y retirar los intestinos. Lavar las gambas y secarlas - Lavar la lima, rallar la cáscara y exprimir el zumo. Lavar la guindilla y quitarle las semillas. Pícalo finamente. Mezclar el aceite de oliva, la guindilla, la ralladura y el zumo de la lima. Pincelar la mezcla sobre los lomos de los langostinos. Cubrir con film transparente y dejar marinar durante 30 minutos en la nevera - Cortar el diente de ajo por la mitad y el limón en 4 rodajas gruesas. Lavar y preparar los espárragos. Untarlas con aceite de oliva - Preparar la parrilla para cocinar a fuego directo, a unos 200 °C. Coloque la placa en la parrilla y deje que se precaliente - Saque los espárragos del aceite y colóquelos en la placa. Asarlas, recordando darles la vuelta de vez en cuando. Mojar las dos mitades del diente de ajo en el aceite y asarlas por el lado cortado junto con las rodajas de limón.

junto con las rodajas de limón. Cuando estén ligeramente dorados, resérvalos y haz los langostinos a la parrilla por ambos lados durante unos 3 minutos - Sazona los espárragos y los langostinos y sírvelos con las rodajas de ajo y lima.

Camarones All'Americana

32 gambas sin cáscara, Sal y pimienta al gusto, Aceite de oliva al gusto, Salsa, 250 ml de leche de coco, 80 g de mantequilla de cacahuete, 1 cucharadita de zumo de limón, 3 cucharadas de limón verde, 1 cucharada de salsa de soja, 1 cucharadita de azúcar moreno, 1 cucharada de salsa de chile picante, 1 cucharadita de jengibre recién rallado, Pimienta negra recién molida, Aceite Evo

Preparación:

En una cacerola, preparar la salsa de cacahuetes mezclando todos los ingredientes - Cocinar a fuego medio durante 5 minutos, cocinando a fuego lento y removiendo constantemente hasta que esté suave - Retirar del fuego y dejar enfriar, Retirar del fuego y dejar enfriar para que la salsa se espese - Rociar con un poco de aceite y espolvorear las gambas con una pizca de pimienta negra recién molida - Preparar la barbacoa para cocción directa a 180° y asar rápidamente las gambas, dándoles la vuelta de vez en cuando, durante unos 5 minutos - Servir caliente con la salsa al lado.

Bacalao verde

Bacalao a la parrilla con hierbas, 8 filetes de bacalao de unos 90 g cada uno, 2 ramitas de orégano fresco, 2 ramitas de tomillo fresco, Mayonesa de alcaparras, 200 g de mayonesa, 1 cucharadita de mostaza de Dijon, 50 g de alcaparras, Perejil, Pimienta, Ensalada, 4 cebollas rojas pequeñas, 4 puñados de rúcula, Hierbas, 1 manzana

Preparación:

Empieza con la mayonesa de alcaparras: combina la mostaza, las alcaparras picadas y el perejil previamente lavado y picado con la mayonesa. Sazonar al gusto con pimienta y, si es necesario, añadir un poco más de sal. Conservar en el frigorífico hasta el momento de servir - Para la ensalada con cebollas asadas: pelar y cortar las cebollas rojas por la mitad, engrasarlas con un poco de aceite y reservarlas para la barbacoa - Lavar la rúcula, lavar y picar finamente las manzanas y rallar la manzana - Mezclar la rúcula con las hierbas, la manzana rallada y, a continuación, la cebolla asada - Engrasar los filetes de bacalao con aceite y pasarlos a la tabla de cedro, que se ha colocado en la mesa.

Engrasar los filetes de bacalao con aceite y colocarlos en la tabla de cedro, previamente remojada durante al menos 20 minutos. Salpimentar y adornar con las hierbas frescas - Preparar la barbacoa para la cocción directa, a unos 180 °C. - Coloque las cebollas y la tabla de cedro en la parrilla de cocción. Cierre la tapa y espere hasta que la tabla de cedro empiece a humear - Ponga la tabla de cedro a fuego indirecto y siga cocinando - Ponga también la cebolla a fuego indirecto cuando se haya dorado por fuera. Continuar la cocción hasta alcanzar la consistencia deseada, y añadir las cebollas asadas a la ensalada - Cocinar el bacalao durante unos 10-12 minutos, hasta que la temperatura interna haya alcanzado los 62°C. - Servir bien caliente, completando el plato con la ensalada y la mayonesa de alcaparras.